**Bibliografische Information der Deutschen Nationalbibliothek:**

Die Deutsche Nationalbibliothek verzeichnet diese Publikation in der Deutschen Nationalbibliografie; detaillierte bibliografische Daten sind im Internet über http://dnb.d-nb.de abrufbar.

# Vorwort

Belohnung im Hundetraining ist ein viel diskutiertes Thema unter Hundeleuten: Auf der einen Seite gibt es die absoluten Gegner von Futter- oder Spielzeugbelohnungen. Sie argumentieren oft damit, dass ein Hund für seinen Menschen hören soll und nicht, weil er ein Stück Futter erwartet.

**Caruso wartet aufmerksam**

Auf der anderen Seite gibt es die Hundebesitzer, die Ihren Hund regelrecht mit Futter vollstopfen und zum wahren „Leckerliautomaten" mutieren.

Beide Extremhaltungen sind nicht die optimale Lösung, um einen Hund alltagstauglich und sinnvoll zu erziehen. Belohnung im Hundetraining umfasst viel mehr als nur die bloße Gabe von einem Stück Futter.

Mit diesem Buch möchte ich Sie beim effektiven Training mit Ihrem Hund unterstützen und Ihnen viele verschiedene Belohnungsmöglichkeiten aufzeigen.

Ich wünsche Ihnen viel Spaß beim Lesen des Buches und beim Ausprobieren der Belohnungslostrommel mit Ihrem Hund.

Ihre Sabrina Reichel

VORWORT.................................................................................................... 3

WIE HUNDE LERNEN ....................................................................................... 9

Wie lernen Hunde? ...................................................................................... 9

Die Klassische Konditionierung ................................................................... 9

Die Operante Konditionierung ................................................................... 10

Das Quadrat der Konsequenzen ................................................................ 11

Der feine Unterschied – Belohnung und Verstärkung ................................. 12

Positive Belohnung/Verstärkung ................................................................ 13

Negative Bestrafung................................................................................... 13

Positive Bestrafung ................................................................................... 14

Negative Belohnung/Verstärkung .............................................................. 15

Das Mittel der Wahl: Positive Verstärkung ................................................. 15

EXKURS: STRAFE ........................................................................................ 17

EXKURS: BESTECHUNG................................................................................ 19

DAS BELOHNUNGSDREIECK .......................................................................... 20

Die Zeit....................................................................................................... 21

Zeit zwischen dem gewünschtem Verhalten und der tatsächlichen Belohnung .................... 21

Das Timing üben......................................................................................................... 23

Zeitdauer der Belohnung ............................................................................................ 24

Der Ort (Position)....................................................................................... 25

Ort, an dem der Marker gegeben wird ........................................................................ 26

Ort, an dem die Belohnung gegeben wird................................................................... 27

Die Art der Belohnung – die Belohnungslostrommel ................................... 28

Bedürfnisse des Hundes............................................................................................................28

Die Belohnungslostrommel ........................................................................................................30

Futterbelohnungen .....................................................................................................................30

Spielzeugbelohnungen ...............................................................................................................32

Belohnung durch soziale Interaktionen......................................................................................33

Alltagsbelohnungen (inkl. selbstbelohnendem Verhalten) ........................................................33

## BELOHNUNGEN FINDEN ................................................................. 34

Die Belohnungsliste ................................................................................... 34

Jetzt sind Sie an der Reihe ... .................................................................... 39

## AUFBAU VON BELOHNUNGEN .......................................................... 45

Belohnungen begehrenswert machen ....................................................... 45

Alltagsbelohnungen (und soziale Belohnungen) aufbauen und verwenden .................. 46

## MOTIVATIONSGERECHT BELOHNEN .................................................. 48

Das Premack-Prinzip.................................................................................. 48

Fallgeschichten .......................................................................................... 54

Der zuverlässige Rückruf...............................................................................................54

Begegnung mit anderen Hunden – der Spielehund........................................................55

Begegnungen mit anderen Hunden – der Angsthund ....................................................56

Leinenführigkeit an der Schleppleine ............................................................................56

## NOCH FRAGEN? ............................................................................... 58

Hört mein Hund nicht nur, wenn er das Leckerli sieht? ............................. 58

Werde ich nicht zum Futterautomaten? ..................................................... 58

Lenke ich meinen Hund nicht nur ab? ....................................................... 59

Warum nimmt mein Hund in manchen Situationen kein Futter an? ............ 59

Warum ist es gerade bei Aggressionsverhalten so wichtig zu belohnen? ........................ 60

Kann ich meinem Hund durch positive Verstärkung Grenzen setzen? .............................. 60

Muss ich meinen Hund immer belohnen oder kann ich irgendwann damit aufhören?..... 61

SERVICE .................................................................................................................. 62

Nützliche Adressen: ........................................................................................................ 62

Zum Weiterlesen:............................................................................................................ 62

LITERATUR- UND QUELLENANGABEN ............................................................... 63

BILDNACHWEIS ................................................................................................... 63

DANKE ................................................................................................................... 63

VORSTELLUNG DER MODELLS ......................................................................... 64

# Wie Hunde lernen

Warum zeigen Hunde ein bestimmtes Verhalten? Warum bleibt ein Verhalten bestehen oder verschwindet? Hundebesitzer stellen sich eine Unmenge an Fragen, deren Beantwortung manchmal gar nicht so leicht ist.

**Grundsätzlich ist zu sagen:**

Jedem Verhalten eines Hundes liegt eine bestimmte Motivation zu Grunde. Die Motivation folgt daraus, dass er ein bestimmtes Bedürfnis befriedigen möchte. Ein Hund tut etwas, weil es sich für ihn lohnt, oder er lässt etwas, weil es sich für ihn nicht lohnt. Ganz einfach!

Oder würden Sie jeden Tag auf die Arbeit gehen, wenn Sie am Ende des Monats kein Gehalt auf Ihrem Konto vorfinden würden?

Für den Hund bedeutet dies, wenn er keine Motivation zu etwas hat und sein Bedürfnis nicht bzw. nie befriedigt wird, wird er ein Verhalten immer weniger zeigen bis es schließlich erlischt. Wird hingegen ein Bedürfnis befriedigt, wird das Verhalten immer öfter auftreten.

## Wie lernen Hunde?

Es gibt viele Trainingsmethoden auf dem Hundetrainingsmarkt, die zu den von den Menschen gewünschten Ergebnissen führen sollen. Um der Beziehung willen zu unserem Freund Hund ist es wichtig, für welche wir uns entscheiden.

## Die Klassische Konditionierung

Bei der klassischen Konditionierung verknüpft der Hund einen bisher für ihn unbedeutenden mit einem bedeutsamen Reiz.

Die Reaktion des Hundes auf die Türklingel ist dabei ein gutes Beispiel. Die meisten Hunde reagieren auf das Läuten der Türklingel mit Aufregung, teilweise Gebell.

Der Hund hat das Läuten an der Tür (bedingter Reiz) mit Besuch (unbedingter Reiz) und Aufregung verknüpft.

**Graphisch dargestellt sieht die Klassische Konditionierung so aus:**

*Vor der Konditionierung*

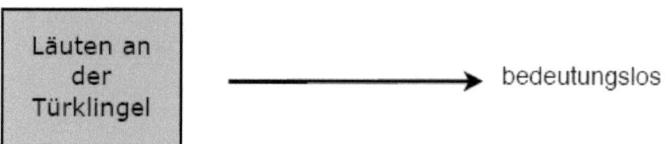

*Während der Konditionierung*

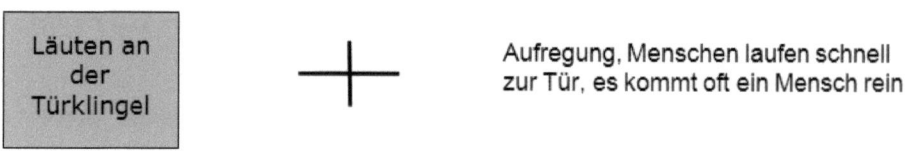

*Nach der Konditionierung*

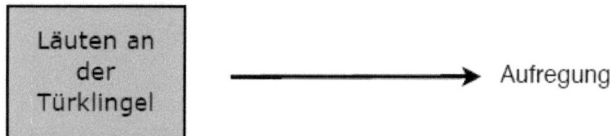

Diese Form des Lernens wird vom Hund nicht willentlich gesteuert und er hat keinen Einfluss darauf, was er lernt. Klassische Konditionierung kann immer und jederzeit passieren.

## Die Operante Konditionierung

Bei der operanten Konditionierung ist die aktive Beteiligung des Hundes am Lernprozess nötig.

Jedes Lebewesen erfährt durch sein Verhalten Konsequenzen. Diese können sowohl positiv als auch negativ sein.

**MERKE**
Jedes Verhalten eines Hundes wird durch seine Konsequenzen bestimmt.

Der Hund macht die Erfahrung, dass er durch sein Verhalten diese Konsequenzen steuern kann.

## Das Quadrat der Konsequenzen

|     | gut | nicht so gut |
| --- | --- | --- |
| ++ | positive Belohnung | positive Bestrafung |
| -- | negative Bestrafung | negative Belohnung |

Positiv und negativ sind dahingehend zu verstehen, dass etwas hinzugefügt (positiv) oder etwas entfernt (negativ) wird.

# Der feine Unterschied – Belohnung und Verstärkung

Belohnung oder Verstärkung – der kleine, aber feine Unterschied!

Wenn ich von Belohnung und Verstärkung spreche, beziehe ich mich auf die Definitionen der Lerntheorie: Eine Belohnung ist etwas Positives für den Hund, etwas, das ihm gut tut oder ihm gefällt, z. B. Leckerlis, Zerrspiele, Menschen begrüßen, ins Wasser dürfen, etc.

Eine Verstärkung hingegen ist eine motivationsgerechte Belohnung.

**Als Beispiel:** Mein Hund stöbert im Gebüsch umher, ich rufe ihn und als Belohnung darf er nach einem zuvor fallen gelassenen Futterdummy suchen. Seine Motivation nach Stöbern und Suchen wurde aufgegriffen und sein aktuelles Bedürfnis durch das Suchen des Dummys befriedigt. Das Rückrufsignal wurde also motivationsgerecht belohnt.

**Barni beim Zurückbringen des Futterdummys**

Woran erkenne ich, dass das Verhalten meines Hundes verstärkt worden ist?

Ob ein Verhalten tatsächlich verstärkt worden ist, ist nur im Nachhinein festzustellen. Verstärkung hat stattgefunden, wenn Verhalten

- häufiger,

- intensiver oder

- länger auftritt oder

- erhalten bleibt.

> **MERKE**
> Auch wenn ein Hund ein Verhalten bereits gut beherrscht, kann man sich nicht einfach darauf ausruhen mit der Begründung „Er kann es ja!". Damit dieses Verhalten bestehen bleibt, muss es weiterhin verstärkt werden.
> Wird es nicht mehr verstärkt, fehlt die Konsequenz und das Verhalten verliert den Wert für den Hund.

## Positive Belohnung/Verstärkung

Beim Training über positive Belohnung/Verstärkung folgt auf ein Verhalten eine angenehme Konsequenz. Dies kann entweder direkt durch das Erfüllen primärer Bedürfnisse (Hunger, Durst, Sozialkontakt etc.) geschehen oder durch Markieren des Verhaltens mit einem konditionierten/sekundären Verstärker (siehe Markersignal), der einen primären ankündigt.

Das Training mit positiver Verstärkung, auch befriedigende Belohnung genannt, ist immer anwendbar, sehr zuverlässig und steigert weder Angst- noch Aggressionsverhalten.

Beim Training über positive Verstärkung wird das Verhalten zukünftig häufiger auftreten.

**Beispiel:**

Ich rufe meinen Hund zurück und spiele dafür mit ihm.

## Negative Bestrafung

Beim Training über negative Bestrafung wird dem Hund eine angenehme Konsequenz entzogen. Dies kann beispielsweise das Vorenthalten einer Belohnung sein oder der Entzug des Sozialkontakts bei unhöflicher Kontaktaufnahme.

Die negative Bestrafung kommt ohne körperliche Übergriffe aus und fördert keine defensive Aggression. Jedoch funktioniert diese Form des Trainings nicht bei selbstbelohnendem Verhalten. Außerdem steigt die Erregung des Hundes an, was zu Frust und offensiver Aggression führen kann.

Beim Training über negative Bestrafung wird das Verhalten zukünftig weniger oft auftreten.

**Beispiel:**

Beim Nachhausekommen begrüßt mich mein Hund stürmisch und springt an mir hoch. Daraufhin wende ich mich von meinem Hund ab und entziehe ihm somit den Sozialkontakt.

## Positive Bestrafung

Beim Training über positive Bestrafung folgt auf ein Verhalten eine unangenehme Konsequenz. Diese unangenehmen Konsequenzen können graduell verschieden sein und wirken bei jedem Hund unterschiedlich.

Der Einsatz von positiver Bestrafung, auch ängstigende Bestrafung genannt, ist im Alltag kaum umsetzbar, da die Bestrafungsregeln (siehe Exkurs Strafe) kaum eingehalten werden können. Zudem ist positive Bestrafung aggressionsauslösend und steigert Angstverhalten.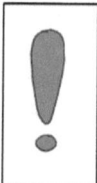

Beim Training über positive Bestrafung wird das Verhalten zukünftig weniger oft auftreten.

**Beispiel:**

Mein Hund bellt, sobald es klingelt, und ich spritze ihn mit der Wasserpistole an.

# Negative Belohnung/Verstärkung

Beim Training über negative Verstärkung entfällt eine unangenehme Konsequenz, wenn der Hund ein bestimmtes Verhalten zeigt.

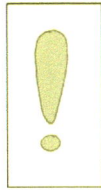

Die erleichternde Belohnung ist immer mit negativen Gefühlen verbunden und kann Angst- sowie Aggressionsverhalten verschlimmern.

Beim Training über negative Verstärkung wird das Verhalten zukünftig häufiger auftreten.

**Beispiel:**

Ich möchte meinem Hund das Signal „Sitz" beibringen. Dabei drücke ich mit einer Hand solange auf den Hintern meines Hundes, bis dieser sich hinsetzt. Sitzt der Hund, nehme ich den Druck weg.

Ganz egal mit welchem Teil des Quadrates wir mit unserem Hund trainieren:

> **Ein Hund kann nicht NICHT lernen, denn Lernen folgt bestimmten Gesetzmäßigkeiten und findet immer statt.**

Auch wenn wir gerade nicht mit unserem Hund trainieren, verknüpft er unser Verhalten oder sein Verhalten mit der Umwelt.

# Das Mittel der Wahl: Positive Verstärkung

Die nach heutigem Wissen sinnvollste und wirksamste Trainingsmethode, die keine Nebenwirkungen mit sich bringt, ist das Training über positive Verstärkung, bei der der Fokus auf erwünschtes Verhalten gelegt wird.

Bei der positiven Verstärkung müssen wir uns mit den individuellen Bedürfnissen des jeweiligen Hundes genau auseinandersetzen. Das ist zwar etwas anstrengender, als den Hund körperlich zu unterdrücken oder sich an starre Regeln zu halten, aber diese Mühe zahlt sich aus: Unser Hund schenkt uns sein Vertrauen und wir erzielen eine harmonische Mensch-Hund-Beziehung.

**Positive Verstärkung bedeutet:**

- sich auf erwünschtes Verhalten zu konzentrieren.

- ein vielfältiges Belohnungssystem aufzubauen.

- unerwünschtes Verhalten zu verhindern bzw. zu unterbrechen, ohne das Tier damit zu verängstigen.

- mit dem Hund zu lernen und ihn zu fördern.

- seinen Hund besser kennenzulernen.

- mit der Natur des Hundes und nicht gegen sie zu arbeiten.

**Positive Verstärkung bedeutet nicht:**

- dem Hund keine Grenzen zu setzen.

- nur mit Futter zu belohnen.

- unerwünschtes Verhalten stets zu ignorieren.

- den Hund zu verwöhnen oder zu vermenschlichen.

# Exkurs: Strafe

Dieses Buch dreht sich rund um das Thema Belohnung im Hundetraining, Strafe bleibt hier außen vor. Dennoch möchte ich diesen Punkt im Folgenden ganz kurz anreißen:

Das Leben ist nun mal nicht immer positiv und auch ich verwende für bestimmte Verhaltensweisen Strafe. Diese wird jedoch so selten angewandt, dass sie weit in den Hintergrund gerückt werden kann.

**Warum verwende ich Strafe so selten?**

Richtig zu strafen, ist schwer – sehr schwer. Wenn Strafe effektiv sein soll, müssen bestimmte Regeln eingehalten werden:

1. Es muss immer gestraft werden, wenn der Hund das unerwünschte Verhalten zeigt.

➜ Bin ich immer zur Stelle?

2. Es muss sofort (innerhalb von 2 Sekunden) bestraft werden, damit der Hund das Verhalten noch mit seiner Konsequenz verknüpfen kann.

➜ Schaffe ich das immer?

3. Die Strafe muss hart genug sein, damit sie beim Hund auch wirklich als Strafe ankommt, sie darf aber auch nicht zu hart sein.

➜ Woher weiß ich, was für den individuellen Hund eine Strafe ist?

4. Bevor die eigentliche Strafe zum Einsatz kommt, muss diese mit einem Warnsignal angekündigt werden. Der Hund braucht eine Möglichkeit, sein Verhalten zu ändern und der Strafe damit zu entgehen.

18

➜ Verwende ich ein Warnsignal?

5. Der Hund benötigt eine Verhaltensalternative, die er statt des unerwünschten Verhaltens zeigen kann.

➜ Kennt mein Hund bereits eine Alternative?

6. Es müssen immer alle Regeln eingehalten werden.

**Und jetzt die Frage: Bin ich fähig, immer alle Regeln einzuhalten?**

Unabhängig von den Regeln sollte auch immer an die **Nebenwirkungen** beim Training mittels Bestrafung nachgedacht werden:

1. Jede Strafe kann durch Klassische Konditionierung (Verknüpfung eines Reizes mit einem anderen) mit der Umwelt verknüpft werden und es kann zu Fehlverknüpfungen kommen. Beispiel: Ein Hund fixiert einen anderen Hund an der Leine. Er bekommt einen Leinenruck. Der Leinenruck schmerzt den Hund. Zur gleichen Zeit hat der Hund ein Kind auf der anderen Straßenseite wahrgenommen und verknüpft den Schmerz mit dem Kind. Hier reicht oft schon eine Situation aus.

2. Bei der Arbeit mit Strafe entstehen Emotionen wie Stress, Frust und Angst.

3. Kommt die gedachte Strafe nicht wirklich als Strafe beim Hund an, beginnt eine Strafspirale. Es muss folglich immer stärker gestraft werden.

4. Straft der Mensch seinen Hund, kann das beim Hund einen Konflikt auslösen. Der Mensch ist die Quelle von GUT und BÖSE.

5. Arbeitet man sehr viel mit Strafe, ist man nur noch darauf aus, unerwünschtes Verhalten seines Hundes zu suchen, das man bestrafen kann. Wäre es nicht schöner, gutes Verhalten zu suchen?

6. Strafe ist für viele Menschen ein selbstbelohnendes Verhalten. Oft sieht man kurz nach der Strafe eine Verringerung des unerwünschten Verhaltens. Das verstärkt den Menschen in seinem Tun und er glaubt, nur noch härter strafen zu müssen, damit das Verhalten gänzlich verschwindet.

**Als kleiner Denkanstoß zum Schluss:**

Es ist immer sinnvoll, meinem Hund gleich zu sagen, was ich möchte, anstatt zu sagen, was ich nicht möchte!

# Exkurs: Bestechung

Oft fällt im Zusammenhang mit dem Thema „Belohnung beim Hund" das Wort „Bestechung". Doch was ist Bestechung eigentlich genau? Bestechung bedeutet, dass einem Lebewesen etwas für ihn Lohnendes gezeigt wird, das er nach Ausführung eines Verhaltens erhält.

In manchen Situationen hat Bestechung seine Richtigkeit, um beispielsweise ein bestimmtes Verhalten hervorzulocken. Wenn jedoch ein mitdenkender Hund gewünscht ist, sollte so wenig wie möglich mit Bestechung gearbeitet werden.

Bei der Bestechung wird also das Begehrenswerte **vor** dem Verhalten gezeigt und es ist zwingend nötig, damit der Hund das Verhalten überhaupt ausführt.

Eine Belohnung wird hingegen **nach** dem Verhalten gegeben.

# Das Belohnungsdreieck

Wenn man an das Thema Belohnung beim Hund denkt, kommen einem wahrscheinlich zuerst Dinge in den Sinn, mit denen ich einen Hund belohnen kann, wie z. B.
Futter. Doch effektives Belohnen ist nicht nur die Belohnung an sich, sondern es
gibt zwei weitere wichtige Pfeiler, die beim effektiven Belohnen des Hundes beach-
tet werden sollten: Zeit und Ort der Belohnung.

Diese drei Faktoren bilden das Belohnungsdreieck:

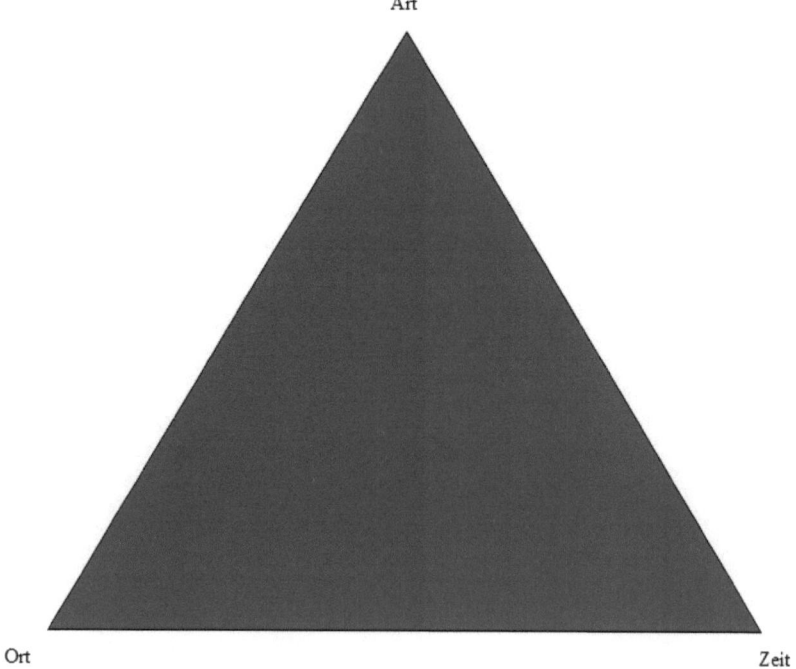

# Die Zeit

Die Zeit spielt beim effektiven Belohnen eine enorm wichtige Rolle. Wir können verschiedene Zeitspannen unterscheiden:

- Zeit zwischen dem gewünschten Verhalten und der tatsächlichen Belohnung

- Zeitdauer der Belohnung

## Zeit zwischen dem gewünschtem Verhalten und der tatsächlichen Belohnung

Hunde können ein Verhalten mit der nachfolgenden Konsequenz nur innerhalb von 0,5 - 2 Sekunden verknüpfen. Ist diese Zeitspanne vorbei, ist auch die Chance auf eine Verknüpfung verloren gegangen.

Ist unser Hund genau neben uns, haben wir meist keine Schwierigkeiten, diese Zeitspanne einzuhalten. Befindet er sich jedoch etwas weiter entfernt oder ist die Belohnung nicht sofort verfügbar, wird diese sensible Zeitspanne sehr schnell überschritten.

Hier hilft uns das **Markersignal**. Ein Markersignal ist ein akustisches (Wort oder Geräusch), optisches (Daumen nach oben) oder taktiles (Berührung) Signal, das dem Hund eindeutig kommuniziert „Dieses Verhalten war richtig, dafür bekommst du eine Belohnung!"

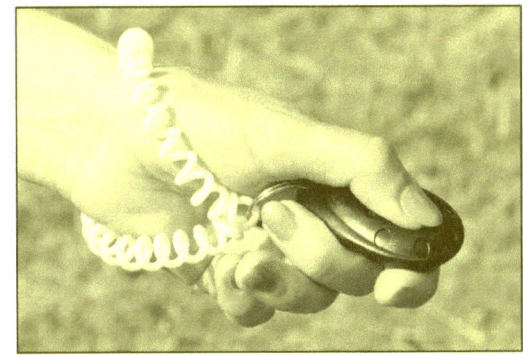

**Der Clicker**

Das Training mit Markersignalen bringt uns viele Vorteile.

## Markersignale

- überbrücken die sensible Zeitspanne von nur zwei Sekunden, in denen ein Hund ein Verhalten mit einer Konsequenz verknüpfen kann. Wir schaffen uns also dadurch einen zeitlichen Puffer bis wir die tatsächliche Belohnung präsentieren müssen.

- verknüpfen ein Verhalten effektiv mit einer Konsequenz, sie markieren also das erwünschte Verhalten wie ein Leuchtstift einen wichtigen Textabschnitt.

- übertragen Informationen und auch Emotionen.

- sind sekundäre Verstärker, die einen primären Verstärker ankündigen, also die richtige Belohnung.

Es gibt sowohl positive als auch negative Markersignale, in diesem Buch beschäftigen wir uns allein mit dem Aufbau und der Verwendung des positiven Markersignals.

## Als Markersignal eignen sich

- kurze Worte wie z. B. Yip, Top, Zack, Click und

- Geräusche wie z. B. der Clicker oder ein Zungenschnalzen.

Der Aufbau des Markersignals basiert auf dem Prinzip der Klassischen Konditionierung. Um das Markersignal aufzubauen, sagen oder produzieren Sie das Markersignal, warten ganz kurz und geben Ihrem Hund ein Leckerli. Anschließend wiederholen Sie diesen Vorgang mit anderen Belohnungsmöglichkeiten, die im Kapitel Belohnungsart beschrieben werden.

Bleiben Sie bei der Konditionierung nicht nur auf einer Stelle stehen, sondern bewegen Sie sich dabei im Raum oder Garten umher.

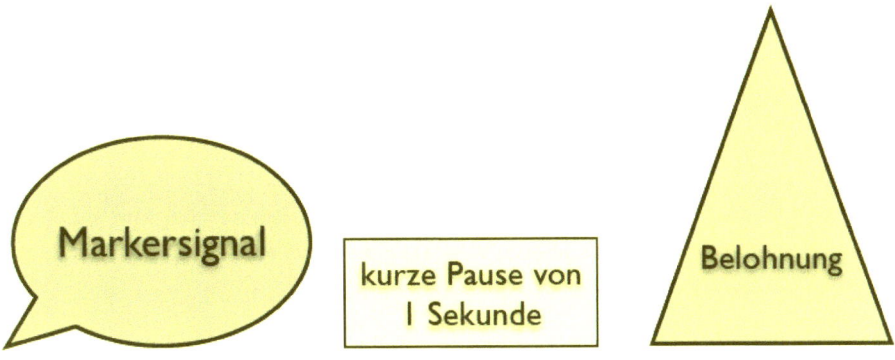

Nach einigen Wiederholungen können Sie das Markersignal direkt in Ihrem Alltag verwenden. Jedes Mal, wenn Ihr Hund erwünschtes Verhalten gezeigt hat, fangen Sie dieses mit dem Markersignal ein und belohnen es.

> **Wichtig!**
> Das Markersignal überbrückt die Zeitspanne zwischen Verhalten und Konsequenz, doch diese Zeitspanne darf nicht überspannt werden, da sonst beim Hund Frust entsteht, was den Lernvorgang behindern kann.

## Das Timing üben

Damit unser Hund sofort weiß, welches Verhalten das lohnenswerte war, müssen wir schnell sein. Der Marker hilft uns dabei, den richtigen Zeitpunkt für die Bestätigung zu erwischen. Doch auch hier ist eine schnelle Reaktion gefragt.

Um das Timing etwas zu schulen, habe ich für Sie ein paar kleine Übungen zusammengestellt, an denen Sie sich erst einmal ohne Hund versuchen können. Suchen Sie sich dafür einen Trainingspartner:

1. Spielen Sie mit dem Ball. Immer wenn Ihr Partner den Ball auf den Boden fallen lässt, versuchen Sie, den Zeitpunkt mit dem Marker zu markieren, in dem der Ball

den Boden berührt. Eine andere Variante wäre, den Ball in die Luft zu werfen und den höchsten Punkt des Balles zu markieren.

2. Lassen Sie Ihren Partner Jo-Jo spielen. Immer wenn das Jo-Jo am Ende der Schnur ist, fangen Sie diesen Zeitpunkt mit dem Marker ein.

3. Ihr Partner beginnt sich zu bewegen, immer wenn er den rechten Fuß anhebt, markieren Sie dieses Verhalten. Dieses Spiel kann natürlich auch mit jedem anderen Körperteil gemacht werden.

4. Und für alle, die noch nicht genug haben: Clickern Sie Ihren Partner. Überlegen Sie sich etwas, das Ihr Partner tun soll und bringen Sie es ihm mit Hilfe des Markers bei. Beispiele: Ihr Partner soll einmal den Stuhl umrunden; Ihr Partner soll zur Wand laufen und die rechte Hand darauf legen.

**Und wie bei allen Dingen im Leben gilt: Üben übt!**

**Es ist noch kein Meister vom Himmel gefallen**


## Zeitdauer der Belohnung

Wenn es um die Zeit geht, dürfen wir nicht nur an die Zeitspanne zwischen Verhalten und Konsequenz denken, sondern auch an die Zeitdauer der Belohnung an sich.

Wir können unsere Hunde kurz belohnen, indem wir Ihnen ein Stücken Futter direkt aus der Hand geben, aber wir können mit diesem Futter auch ein kleines „Mini-Drama" veranstalten und es verstecken oder ins hohe Gras werfen.

Für tolles Verhalten darf gerne einmal mehr Einsatz gezeigt werden und mit einer längeren Belohnungsdauer honoriert werden.

Ganz allgemein kann man sagen, dass die Belohnung umso länger ausfallen darf, je länger sich ein Hund für ein erwünschtes Verhalten konzentrieren musste:

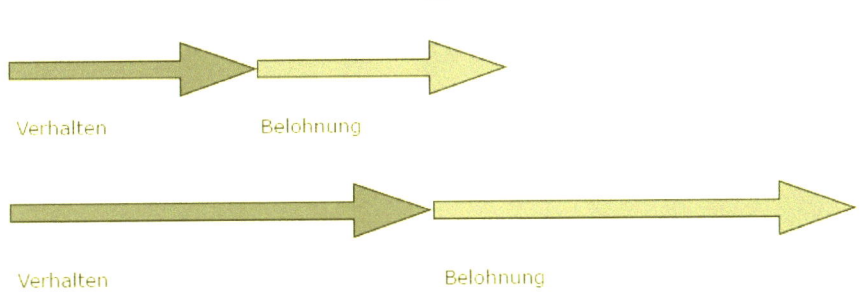

Verhalten                    Belohnung

Verhalten                              Belohnung

Solch eine intensive Belohnung hebt die Wichtigkeit des zuvor gezeigten Verhaltens enorm hervor.

## Der Ort (Position)

Nicht nur die Zeit ist von großer Bedeutung, sondern auch der Ort.

Wir unterscheiden den Ort,

- an dem der Marker gegeben wird, und den Ort,

- an dem die Belohnung gegeben wird.

Um Verhalten effektiv formen zu können, ist es sinnvoll, sich vor dem Training einige Gedanken zu machen:

Welches Verhalten soll verstärkt werden?

Soll an der Schnelligkeit oder an dem Ausharren des Verhaltens gearbeitet werden?

Soll an der Präzision des Verhaltens gearbeitet werden?

Je nachdem, welches Trainingsziel ich habe, muss ich den Ort des Markers und auch der Belohnung anderes wählen.

Unter Ort (Position) verstehe ich im Hundetraining nicht nur die Stelle, an der ein Verhalten ausgeführt und belohnt wird, sondern hierzu zähle ich auch die Körperhaltung des Hundes.

## Ort, an dem der Marker gegeben wird

Ein Verhalten besteht aus einer bestimmten Körperhaltung, die an einem bestimmten Ort bzw. in einer bestimmten Position gezeigt wird. Genau diese Feinheit kann ich mit dem Markersignal einfangen und exakt verstärken.

In welcher Position das Markersignal gegeben wird, ist abhängig vom Ziel der Trainingseinheit.

Je nachdem, in welcher Körperhaltung des Hundes ich das Markersignal gebe, verstärke ich also ein anderes Verhalten.

Lege ich in der Trainingseinheit meinen Schwerpunkt auf die schnelle Ausführung des Verhaltens, sollte die Körperhaltung gleich zu Beginn des Verhaltens markiert werden.

Möchte ich hingegen daran arbeiten, dass der Hund das gewünschte Verhalten länger und ausdauernder zeigt, ist es sinnvoll das Markersignal zum Ende des Verhaltens zu geben, wenn der Hund die gewünschte Körperhaltung eine gewisse Zeit gezeigt hat.

**Beispiele:**

**Markersignal zu Beginn des Verhaltens**

Trainingsziel: schnelles Sitz aus der Bewegung

Zu Beginn des Trainings werden mit dem Markersignal schon die ersten Intensionsbewegungen Richtung Sitzen eingefangen, die der Hund anbietet.

**Markersignal am Ende des Verhaltens**

Trainingsziel: ruhiges Warten auf der Decke

Um das Ausharren auf der Decke zu verstärken wird das Markersignal am Ende einer gesetzten Zeitspanne gegeben.

## Ort, an dem die Belohnung gegeben wird

Mit Gabe der Belohnung habe ich die Möglichkeit, das weitere Verhalten meines Hundes in die von mir gewünschte Richtung zu lenken. So kann ich es meinem Hund erleichtern, das erwünschte Verhalten erneut zu zeigen oder in der gleichen Position zu bleiben.

**Beispiele:**

**Ort der Belohnung = Ort des Verhaltens**

Trainingsziel: ruhiges Warten auf der Decke

Um meinem Hund zu verdeutlichen, dass das Warten auf der Decke das gewünschte Verhalten ist, wird die Belohnung direkt zum Hund gebracht und auf die Decke gelegt. Somit erhält die Decke mehr Wichtigkeit und wird mit dem Signal deutlicher in Verbindung gebracht.

Der Hund lernt, dass es sich lohnt, zu warten bis Frauchen/Herrchen zu ihm kommt, und dass er entspannt warten kann, bis die Belohnung bei ihm ist.

Sollte der Hund nach dem Markersignal aufstehen und seinem Menschen entgegenlaufen, um die Belohnung zu bekommen, ist das nicht weiter schlimm. Nehmen Sie die Belohnung und führen Sie Ihren Hund kommentarlos auf die Decke zurück, auf der er seine Belohnung bekommt. Nach ein paar Wiederholungen wird er nicht mehr aufstehen.

**Gib Pfötchen – Ort des Markers = Ort der Belohnung**

**Ort der Belohnung ≠ Ort des Verhaltens**

Trainingsziel: Sitz auf Signal

Meinem Hund soll das Kommando Sitz auf Signal beigebracht werden. Ich möchte, dass er in einer Trainingseinheit so viele Chancen auf Wiederholungen wie möglich bekommt. Deshalb ist es bei dieser Übung sinnvoller die Belohnung nach dem Markersignal wegzuwerfen bzw. entfernt vom Ort der Verhaltensausführung zu geben. Nun hat mein Hund erneut die Chance, das gewünschte Verhalten zu zeigen.

## Die Art der Belohnung – die Belohnungslostrommel

Das A und O im Hundetraining über positive Verstärkung ist die Auswahl der richtigen Belohnungen, denn Belohnung ist nicht gleich Belohnung. Nur wer Belohnungen variiert und auf die aktuelle Motivation seines Hundes eingeht, kann das volle Potential der positiven Verstärkung ausschöpfen und hat ein starkes Training, das zu einer soliden Alltagstauglichkeit des Hundes führt.

**Bedürfnisse des Hundes**

Angelehnt an die menschliche Bedürfnispyramide des Psychologen Maslow, lässt sich für Hunde ebenfalls eine Bedürfnispyramide erstellen:

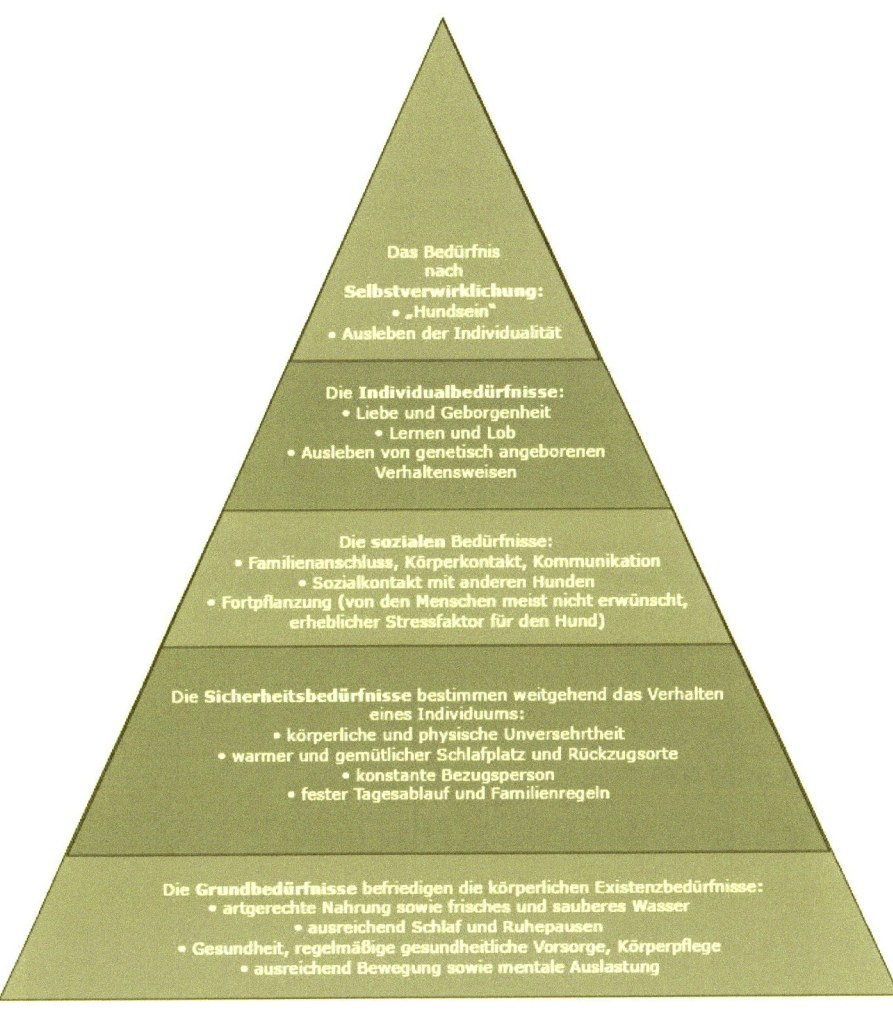

Das Bedürfnis
nach
**Selbstverwirklichung:**
• „Hundsein"
• Ausleben der Individualität

**Die Individualbedürfnisse:**
• Liebe und Geborgenheit
• Lernen und Lob
• Ausleben von genetisch angeborenen
Verhaltensweisen

**Die sozialen Bedürfnisse:**
• Familienanschluss, Körperkontakt, Kommunikation
• Sozialkontakt mit anderen Hunden
• Fortpflanzung (von den Menschen meist nicht erwünscht,
erheblicher Stressfaktor für den Hund)

**Die Sicherheitsbedürfnisse** bestimmen weitgehend das Verhalten
eines Individuums:
• körperliche und physische Unversehrtheit
• warmer und gemütlicher Schlafplatz und Rückzugsorte
• konstante Bezugsperson
• fester Tagesablauf und Familienregeln

**Die Grundbedürfnisse** befriedigen die körperlichen Existenzbedürfnisse:
• artgerechte Nahrung sowie frisches und sauberes Wasser
• ausreichend Schlaf und Ruhepausen
• Gesundheit, regelmäßige gesundheitliche Vorsorge, Körperpflege
• ausreichend Bewegung sowie mentale Auslastung

An dieser Bedürfnispyramide lässt sich bereits eindeutig erkennen, dass unsere Hunde nicht immer nur das Bedürfnis nach einem Leckerli haben. Sie haben Durst, wünschen sich Sozialkontakt und auch Entspannung. Das sind alles Dinge, die als Belohnung genutzt werden können – und zwar überaus effektiv.

Im Alltag wird oft einfach nur in die Tasche gegriffen und ein Leckerli herausgeholt. Doch damit schränken wir uns im Training mit unserem Hund stark ein.

## Die Belohnungslostrommel

Hunde können auf die unterschiedlichsten Arten belohnt werden. Je nach aktueller Motivation des Hundes spricht ihn eine andere Belohnungsart an.

Stellen Sie sich eine Lostrommel vor, die mit ganz vielen verschiedenen Losen gefüllt ist. Auf den Losen stehen Belohnungen mit Futter, Spielzeug, sozialen Interaktionen und Alltagsdingen. Zeigt Ihr Hund ein gutes Verhalten, belohnen Sie ihn mit einem Los.

**Beachten Sie dabei:**

> **Nach dem Markersignal zieht Ihr Hund immer ein Los, nicht immer den Hauptgewinn, aber nie die Niete.**

Dadurch bleibt Ihr Hund motiviert und die Signale werden mit vielen verschiedenen Belohnungen und Erwartungshaltungen verknüpft. Ihr Hund wird immer gespannt sein, was wohl jetzt für ein Los/eine Belohnung gezogen wird und ob sie seiner aktuellen Motivation entspricht.

Überlegen Sie sich immer, bevor Sie Ihren Hund belohnen:

**Was wäre jetzt wohl am spannendsten für meinen Hund?**

**Was würde seiner momentanen Motivation am ehesten entsprechen?**

Und wählen Sie dementsprechend ein Los!

## Futterbelohnungen

Futter gehört zu den unkompliziertesten Belohnungsarten: Einfach in die Tasche greifen und schon ist die Belohnung da. Nichts einfacher als das. Mit der Zeit kann diese Belohnungsgabe sehr eintönig werden. Doch das muss nicht so sein …

Wir haben viele verschiedene Möglichkeiten, unsere Hunde mit Futter zu belohnen. Zum einen gibt es das ganz normale Trockenfutter, das als Leckerli verwendet werden kann. Doch wir können auch klein geschnittene Wiener Würstchen, Schinken, Leberkäs oder auch normalen Käse, Mozzarella und Harzer Käse verfüttern.

Im Sommer bieten sich auch Obst- und Gemüsewürfel als kleine erfrischende Leckerlis an.

Der Renner bei den meisten Hunden sind aber immer noch klein geschnittenes, gekochtes Fleisch oder selbstgebackene Leckereien sowie alle Variationen von Naturkauartikeln (getrocknete Hühnerhälse, Rinderlungenbrocken, Pansenstangen, etc.).

**Pipo mit der Futtertube**

Steht ihr Hund auf klebrige und flüssigere Leckereien, dann eignet sich hierfür eine Futtertube hervorragend, die beispielsweise mit Joghurt oder Quark gefüllt werden kann. Mit etwas Honig, Kartoffelbrei oder auch Thunfisch lässt sich der Brei noch etwas verfeinern und bringt immer wieder neue Geschmackserlebnisse.

Auch wie Sie die Futterbelohnungen Ihrem Hund übergeben, ist Ihrer Fantasie überlassen:

Geben Sie ein Leckerli aus der Hand, gleich mehrere hintereinander oder eine ganze Hand voll. Werfen Sie das Leckerli Ihrem Hund zu, rollen Sie es weg oder werfen Sie es weg. Veranstalten Sie eine kleine Jagd nach dem Leckerli, verstecken sie es oder geben Sie schmierige Leckereien aus der Futtertube. Ganz wie es Ihnen und Ihrem Hund gefällt.

**Barni fängt ein Leckerli**

## Spielzeugbelohnungen

Spielzeugbelohnungen sind ebenso wie Futterbelohnungen ein großer Hit im Hundetraining. Es gibt mittlerweile eine große Auswahl an den verschiedensten Hundespielzeugen und mindestens genauso viele Belohnungsvarianten.

Bewährt haben sich bei den meisten Hunden Bälle, ein Dummy oder ein Futterdummy sowie ein Zerrseil oder ein einfaches Stofftier. Aber auch Dinge aus der Natur wie Tannenzapfen können zum Spielzeug umfunktioniert werden.

**Spielzeug kann facettenreich verwendet werden:**

Machen Sie zum Beispiel ein Zerrspiel mit Ihrem Hund, werfen Sie das Spielzeug weg und lassen Sie Ihren Hund hinterherhetzen, legen Sie es aus und schicken Sie Ihren Hund zum Holen, verstecken Sie es und lassen es Ihren Hund suchen oder lassen Sie Ihren Hund das Spielzeug einfach tragen. Mit der Zeit werden Sie auch merken, was Ihrem Hund am meisten Spaß macht.

**Balu und sein Ball**

## Belohnung durch soziale Interaktionen

Futter- und Spielzeugbelohnungen sind die wohl gängigsten Belohnungen im Hundetraining. Doch auch der soziale Umgang mit unserem Hund kann sehr belohnend wirken.

Unter sozialen Belohnungen verstehe ich einerseits alle Dinge, die mit mir als Menschen zu tun haben. Rennen Sie mit Ihrem Hund um die Wette, spielen Sie mit ihm fangen, beginnen Sie kleine Maulrangelspiele oder kraulen Sie ihn an Stellen, wo er es gerne hat. Auch ein ruhiges oder enthusiastisches Stimmlob sowie ein freundliches Gesicht sind Belohnungen.

Zu den sozialen Belohnungen gehört aber auch der Sozialkontakt mit anderen Hunden.

**Hilde genießt Streicheleinheiten von Frauchen**

## Alltagsbelohnungen (inkl. selbstbelohnendem Verhalten)

Nicht nur Futter, Spiel und Sozialkontakt können als Belohnung verwendet werden, sondern auch die alltäglichen Dinge, denen wir auf unseren Spaziergängen begegnen, können tolle Belohnungen für unsere Hunde sein:

Lassen Sie ihn frei laufen, über einen umgefallenen Baum springen oder darunter durch klettern, ausgiebig eine Stelle abschnüf-

**Sheila wälzt sich**

feln, sich wälzen oder zu einem anderen Hund hinlaufen.

Auch Sequenzen des Jagdverhaltens zählen hier dazu: Lauern am Mäuseloch, Vögel beobachten, die Umgebung „abscannen", vorstehen, sich an ein Mäuseloch anschleichen, stöbern und Hechtsprünge ins hohe Gras.

Wie Sie sehen, haben Sie eine riesige Auswahl, um Ihren Hund zu belohnen.

# Belohnungen finden

Im vorangegangenen Kapitel haben Sie einen ersten Eindruck bekommen, mit welchen Dingen Sie Ihren Hund belohnen können. Doch für jeden Hund ist etwas anderes eine Belohnung. Als Belohnung kann alles fungieren, was Ihr Hund in diesem Moment gerne tun würde.

## Die Belohnungsliste

Um für Ihren Hund eine individuelle Belohnungslostrommel zusammenstellen zu können, müssen Sie sich erst einmal einige Gedanken zu Ihrem Vierbeiner machen.

Damit Sie einen kleinen Eindruck von den verschiedenen Belohnungsmöglichkeiten bekommen, hier als Beispiel die Belohnungslisten meiner beiden Hunde:

**Belohnungsliste Sheila**

1. Hasen und Katzen hetzen

2. Rehe hetzen

3. Distanz zu fremden Hunden schaffen

4. Stöbern

5. Verlorensuche (Hund sucht Gegenstand, der auf dem bereits gegangenen Weg fallen gelassen wurde)

6. Spielzeug suchen

7. Zerrspiele

8. aus der Futtertube schlabbern

**Sheila fischt Leckerlis aus dem Wasser**

9. Schnüffeln

10. große Kreise um mich herumrennen

11. mit mir rennen

12. Leckerli-Suchspiele

13. Lauerspiele/Mäuschenspiel

14. auf Steine, Baumstämme etc. springen

15. Buddeln

16. am Popo gekrault werden

17. im Gras wälzen

18. Handtouch (Nase stupst an Hand des Menschen)

19. Schlüsselbund tragen

20. Tricks ausführen

**Belohnungsliste Lenni**

1. Wild und Katzen hetzen

2. Wild und Katzen beobachten

3. nach Mäusen buddeln

4. an Mäuselöcher anschleichen

5. zu Hunden hinrennen

6. mit Hündinnen spielen

7. Rüden von Sheila fernhalten

8. Stöbern

9. aus der Futtertube schlappern

10. Verfolgungsspiele mit Menschen

11. im Wasser plantschen

12. ins Wasser beißen

13. Hechtsprünge in hohes Gras

14. Schnüffeln

**Rennen als Belohnung**

15. Verlorensuche

16. Naturkauartikel fressen

17. Äpfel fressen

18. am Rücken gekrault werden

19. Lauerspiele

20. Leckerlis suchen

Durch die Belohnungsliste erhalten Sie einen guten Überblick, was Ihr Hund gerne tut. Natürlich sind im Moment noch Verhaltensweisen auf der Liste, die ich nicht tolerieren kann oder darf, weil sie verboten, gefährlich oder eklig sind.

Diese Verhaltensweisen streiche ich und suche dafür passende Alternativen.

Bei Sheilas Belohnungsliste kann ich vier Verhaltensweisen nicht tolerieren:

1. Hasen und Katzen hetzen

2. Rehe hetzen

3. Distanz zu fremden Hunden schaffen

4. Stöbern

Hier habe ich mich auf die Suche nach alternativen Belohnungsmöglichkeiten ge-macht und bin fündig geworden:

Anstatt Hasen, Katzen und Rehe zu hetzen, darf sie verschiedene Spielsachen het-zen.

Für Distanz zu fremden Hunden schaffen haben wir die Alternative Bogen laufen aufgebaut. Das schafft ihr ebenfalls Distanz zum Auslöser und fungiert deshalb auch als funktionaler Verstärker (motivationsbezogene Belohnung).

Stöbern ist ein Puzzleteil des Jagdverhaltens. Manchmal lasse ich Sheila stöbern, wenn es nicht zu intensiv wird, ansonsten habe ich im Stöbern nach ihrem Futter-beutel eine gute Alternative gefunden.

Sheilas Belohnungsliste hat sich also nach meinen Überarbeitungen etwas verändert:

1. ~~Hasen und Katzen hetzen~~ Hetzspiele mit Ball an der Schnur

2. ~~Rehe hetzen~~ Hetzspiele allgemein

3. ~~Distanz zu fremden Hunden schaffen~~ Bögen laufen

4. ~~Stöbern~~ Futterbeutel suchen

5. Verlorensuche

6. Spielzeug suchen

7. Zerrspiele

8. aus der Futtertube schlabbern

9. Schnüffeln

Ein Trick als Belohnung: z. B. Winken

10. große Kreise um mich herum rennen

11. mit mir rennen

12. Leckerli-Suchspiele

13. Lauerspiele/Mäuschenspiel

14. auf Steine, Baumstämme etc. springen

15. Buddeln

16. am Popo gekrault werden

17. im Gras wälzen

18. Handtouch

19. Schlüsselbund tragen

20. Tricks ausführen


Bei Lennis Belohnungsliste kann ich drei Verhaltensweisen nicht tolerieren:

1. Wild und Katzen hetzen

7. Rüden von Sheila fernhalten

## 8. Stöbern

Auch hier habe ich mich auf die Suche nach alternativen Belohnungsmöglichkeiten gemacht:

Anstelle von Wild hetzen darf Lenni ein ausgiebiges Hetzspiel mit seinem Zerrseil machen und anschließend endet dieses Spiel immer in einem Zerrspiel.

Lenni möchte andere Rüden von „seiner" Sheila fernhalten. Anstatt diese zu vertreiben, darf er seine Erregung an einem Zerrseil abbauen, mit dem er beutelnd durch die Gegend rennt.

Beim Stöbern habe ich wie bei Sheila auch die Alternative des Futterbeutelsuchens gewählt.

Lennis Belohnungsliste hat sich nun auch verändert:

1. ~~Wild und Katzen hetzen~~ Hetzspiele mit Zerrseil

2. Wild und Katzen beobachten

3. nach Mäusen buddeln

4. an Mäuselöcher anschleichen

5. zu Hunden hinrennen

6. mit Hündinnen spielen

7. ~~Rüden von Sheila fern halten~~ Zerrspiele mit mir

8. ~~Stöbern~~ Futterbeutel suchen

9. aus der Futtertube schlappern

10. Verfolgungsspiele mit Menschen

11. im Wasser plantschen

12. ins Wasser beißen

13. Hechtsprünge in hohes Gras

14. Schnüffeln

**Rehe beobachten als Belohnung für ruhiges Verhalten**

15. Verlorensuche

16. Naturkauartikel fressen

17. Äpfel fressen

18. am Rücken gekrault werden

19. Lauerspiele

20. Leckerlis suchen

Habe ich eine Alternative für bestimmte Verhaltensweisen gefunden, kann ich diese meist nicht sofort als Belohnung einsetzen. Der Hund muss diese erst einmal als Alternative kennenlernen. Wie das funktioniert, erfahren Sie im Kapitel „Aufbau von Belohnungen".

## Jetzt sind Sie an der Reihe ...

Überlegen Sie sich:

Was tut Ihr Hund gerne und oft?

Wie verhält sich Ihr Hund, wenn Sie ihn draußen beim Spaziergang einfach einmal machen lassen?

Benutzt er lieber seine Nase oder seine Augen?

Was tut Ihr Hund, wenn er unsicher ist oder wenn er Angst hat?

Notieren Sie sich alles in Ihre Belohnungsliste – egal ob Sie diese Verhaltensweisen tolerieren möchten oder nicht. Es geht zunächst nur darum, sich klar zu werden, welche vorherrschenden Bedürfnisse Ihr Hund hat.

**Die individuelle Belohnungsliste**

| Belohnungen |
|---|
|  |
|  |
|  |
|  |
|  |
|  |
|  |
|  |
|  |
|  |
|  |
|  |
|  |
|  |
|  |
|  |
|  |
|  |
|  |
|  |
|  |
|  |

Nun streichen Sie die Verhaltensweisen, die für Sie nicht akzeptabel sind, und ersetzen sie durch Alternativen:

| nicht akzeptable Belohnungsmöglichkeit | Alternative |
|---|---|
|  |  |
|  |  |
|  |  |
|  |  |
|  |  |
|  |  |
|  |  |
|  |  |
|  |  |
|  |  |
|  |  |
|  |  |
|  |  |
|  |  |

**Sie sind fast fertig!**

Notieren Sie sich in die folgende Tabelle alle Belohnungsmöglichkeiten, die Sie ruhigen Gewissens einsetzen können, sowie die gefundenen Alternativen und sortieren Sie sie nach Priorität für Ihren Hund.

| Belohnungen, Priorität 1 | Belohnungen, Priorität 2 | Belohnungen, Priorität 3 |
|---|---|---|
| | | |
| | | |
| | | |
| | | |
| | | |
| | | |
| | | |
| | | |
| | | |
| | | |
| | | |
| | | |
| | | |
| | | |
| | | |
| | | |
| | | |
| | | |
| | | |
| | | |
| | | |
| | | |
| | | |
| | | |

Fertig ist Ihre individuelle Belohnungsliste für Ihren Hund!

**Beachten Sie:**

Die Bedürfnisse Ihres Hundes können sich immer wieder verändern.

Deshalb ist es ratsam, die Belohnungsliste von Zeit zu Zeit neu zu überarbeiten.

Als kleine Ideenhilfe habe ich Ihnen gängige Belohnungsmöglichkeiten von verschiedenen Rassetypen zusammengetragen. Bitte bedenken Sie jedoch, dass diese Beispiele nur Möglichkeiten darstellen und nicht auf jeden Hund zutreffen müssen.

| Rassekategorie | mögliche Belohnungen |
|---|---|
| Hütehunde/Treibhunde | etwas mit den Augen beobachten<br>Anschleichen<br>Hetzen<br>Verlorensuche |
| Pinscher/Schnauzer/Molosser | etwas tragen<br>Zerrspiele |
| Terrier | Raufspiele mit Menschen oder Hunden<br>Zerrspiele<br>Buddeln<br>Springen<br>Hetzen<br>Spuren verfolgen<br>Verlorensuche |
| Dachshunde | Verlorensuche<br>Stöbern<br>Hetzen |
| Spitze und Hunde vom Urtyp | Umwelt erkunden<br>etwas beobachten<br>laufen lassen |

| Rassekategorie | mögliche Belohnungen |
|---|---|
| Lauf-/Schweißhunde | Gerüche aufnehmen<br>Stöbern<br>laufen lassen<br>Distanz zulassen |
| Vorstehhunde | Vorstehen<br>etwas beobachten<br>Spuren anzeigen<br>Apportieren |
| Apportier-/Wasserhunde | etwas tragen<br>Apportierspiele |
| Gesellschafts-/Begleithunde | Spiel mit Menschen<br>Spielzeug |
| Windhunde | etwas mit den Augen beobachten<br>Hetzen<br>Rennspiele<br>Kreise ziehen |

# Aufbau von Belohnungen

Ist Ihr Hund futter- oder spielzeugbegeistert, ist es einfach, ihn zu belohnen. Dennoch sollten Sie sich nicht nur auf Futter und Spiel beschränken, sondern viele verschiedene Belohnungsmöglichkeiten aufbauen.

Es gibt auch Hunde, die nicht so leicht zu motivieren sind und bei denen es deshalb besonders wichtig ist, Alltagsbelohnungen aufzubauen und Futter- und Spielzeugbelohnungen aufzuwerten.

Dieses Kapitel gibt Ihnen einen Überblick, wie Sie Alltagsbelohnungen aufbauen und als Belohnung verwenden sowie schwache Belohnungen aufwerten können.

## Belohnungen begehrenswert machen

Manchen Hunden ist Futter das Allerwichtigste und Spielzeug spielt keine Rolle. Wieder andere Hunde empfinden ein Stimmlob als wenig belohnend. Hier lohnt es sich, die nicht begehrenswerten Belohnungen aufzuwerten, damit diese auch als Belohnung verwendet werden können.

Nehmen wir als Beispiel das Stimmlob.

Bis jetzt empfindet Ihr Hund das Stimmlob nicht als großartige Belohnung. Halten Sie nun ein hochwertiges Leckerli oder Spielzeug griffbereit. Nun loben Sie Ihren Hund enthusiastisch mit der Stimme und geben ihm gleich anschließend das Leckerli oder das Spielzeug.

**Aufwertung des Dummys mit Hilfe von Leckerlis**

46

**Wichtig!** Die beiden Belohnungen müssen nacheinander erfolgen, nicht gleichzeitig. Würden beide Belohnungen gleichzeitig erfolgen, kann das Prinzip der klassischen Konditionierung nicht wirken – das Stimmlob wird nicht aufgewertet.

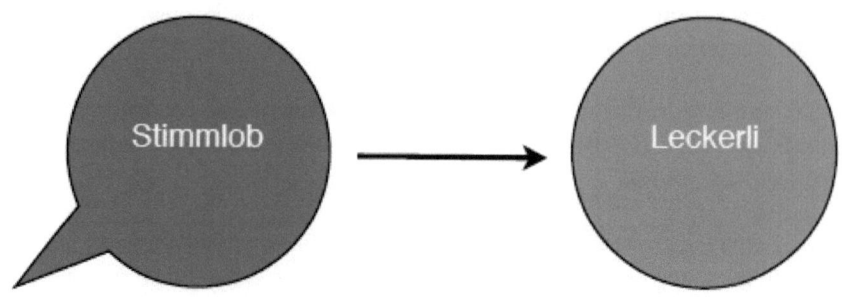

Das gleiche Prinzip können Sie anwenden, wenn Ihr Hund kein Spielzeug mag oder sich nicht gerne Kraulen lässt. Dadurch werden diese Belohnungen aufgewertet.

## Alltagsbelohnungen (und soziale Belohnungen) aufbauen und verwenden

Alltagsbelohnungen sind alle Verhaltensweisen, die Ihr Hund bereits von sich aus zeigt. Hierzu zählen beispielsweise: Buddeln, Schnüffeln, etwas beobachten, sich wälzen, im Fluss schwimmen, zu anderen Hunden hinrennen, etc.

Damit Sie diese Verhaltensweisen direkt als Belohnung einsetzen können, muss Ihr Hund nur noch den zugehörigen Namen lernen.

**Vokabeln lernen**

Suchen Sie sich ein Verhalten aus, das Sie unter Signal stellen möchten, z. B. Buddeln. Nun beobachten Sie Ihren Hund. Beginnt er zu buddeln, geben Sie das neue Signal „Buddeln", markieren es und belohnen ihn.

Die nachfolgende Belohnung ist abhängig von dem Verhalten Ihres Hundes nach dem Markersignal. Schaut Sie Ihr Hund nach dem Markersignal an, können Sie ihm ein Leckerli geben, tut er es nicht, loben Sie ihn einfach mit der Stimme.

**Alma lernt die Vokabel „Buddeln"**

Lassen Sie ein paar Sekunden Pause und wiederholen Sie den Vorgang erneut.

Beispiel: Buddeln

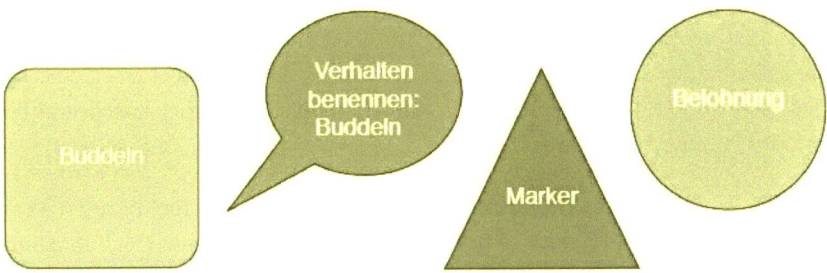

Hat Ihr Hund nach mehreren Wiederholungen die Bedeutung des Signals „Buddeln" gelernt, können Sie dieses Verhalten als Belohnung einsetzen.

Rufen Sie Ihren Hund beispielsweise auf einer Wiese zu sich und für den erfolgreichen Rückruf schicken Sie ihn zur Belohnung zu einem Mauseloch zum Buddeln.

# Motivationsgerecht belohnen

Durch die Belohnungsliste haben Sie jetzt eine große Lostrommel zur Verfügung, mit der Sie Ihren Hund kunterbunt belohnen können. Wenn Sie das Verhalten Ihres Hundes allerdings wirklich verstärken wollen, dann sollten Sie die Belohnung, wie schon erwähnt, motivationsgerecht auswählen.

**Funktionale Verstärker**

Befriedigt eine gewählte Belohnung das aktuelle Bedürfnis des Hundes, spricht man auch von einem funktionalen Verstärker.

## Das Premack-Prinzip

Wird ein Verhalten mit hoher Auftretenswahrscheinlichkeit als Belohnung für ein Verhalten mit geringerer Auftretenswahrscheinlichkeit eingesetzt, spricht man vom Premack-Prinzip.

**Beispiel:**

Ihr Hund soll an lockerer Leine (Verhalten mit geringer Auftretenswahrscheinlichkeit) laufen, möchte aber zu einer Schnüffelstelle (Verhalten mit hoher Auftretenswahrscheinlichkeit) hin. Läuft Ihr Hund nun einige Meter an lockerer Leine neben Ihnen, können Sie Ihn als Belohnung zur Schnüffelstelle laufen lassen und haben somit das Premack-Prinzip angewandt.

Damit Sie einige Ideen bekommen, wie die Anwendung eines funktionalen Verstärkers und des Premack-Prinzips in der Praxis aussehen könnte, stelle ich Ihnen nachfolgend einige Beispiele von Belohnungen nach Zeigen eines erwünschten Verhaltens in einer bestimmten Situation vor:

**Verhalten des Hundes/Situation:**

Ihr Hund hat den ganzen Tag noch nichts gefressen und möchte sich selbst an der Futterdose bedienen. Sie rufen Ihren Hund zurück und er reagiert sofort auf Ihr Signal.

**zugrunde liegende Motivation/Bedürfnis:**

Ihr Hund hat Hunger und möchte diesen stillen (Grundbedürfnis).

**funktionaler Verstärker:**

Ist Ihr Hund bei Ihnen angelangt, können Sie ihm Futter oder ein Leckerli als Belohnung geben.

**Futter ist eine tolle Belohnung für einen hungrigen Hund.**

**Zum Trinken schicken als Belohnung.**

**Verhalten des Hundes/Situation:**

Ihr Hund kommt von einem langen Spaziergang nach Hause, auf dem er keine Möglichkeit zum Trinken gefunden hat. Sie fordern Ihren Hund auf sich hinzusetzen.

**zugrunde liegende Motivation/Bedürfnis:**

Ihr Hund hat Durst und möchte diesen stillen (Grundbedürfnis).

**funktionaler Verstärker:**

Setzt sich Ihr Hund sofort hin, schicken Sie ihn zur Belohnung zu seiner Wasserschüssel.

**Verhalten des Hundes/Situation:**

Es ist ein heißer Sommertag und Sie sind mit Ihrem Hund spazieren. Ihr Hund hechelt sehr stark und läuft langsam hinter Ihnen her. Sie sprechen ihn kurz mit seinem Namen an.

**zugrunde liegende Motivation/ Bedürfnis:**

Ihrem Hund ist es zu heiß und er möchte sich abkühlen (Grundbedürfnis).

Bei Hitze ist eine Abkühlung eine funktionale Belohnung.

**funktionaler Verstärker:**

Als Belohnung für die Reaktion auf seinen Namen können Sie Ihrem Hund ein schattiges Plätzchen anbieten oder mit ihm zu einer nahegelegenen Bademöglichkeit laufen.

Entspannung ist ein Grundbedürfnis und eine super Belohnung.

**Verhalten des Hundes/Situation:**

Sie waren den ganzen Tag mit Ihrem Hund unterwegs und Sie merken, dass er nun Ruhe braucht. Verlangen Sie noch eine kleine Aufmerksamkeitsübung von Ihrem Hund.

**zugrunde liegende Motivation/ Bedürfnis:**

Ihr Hund möchte sich entspannen und ausruhen (Grundbedürfnis).

**funktionaler Verstärker:**

Schenkt Ihnen Ihr Hund noch einmal seine Aufmerksamkeit, fungieren hier als funktionale Verstärker ganz klar Pausen, Entspannung sowie Schlafen und Dösen.

**Verhalten des Hundes/Situation:**

Sie sind mit Ihrem Hund in der Eisdiele und Ihr Hund zeigt Angstverhalten gegenüber eines Menschen, der wild gestikuliert.

**zugrunde liegende Motivation/ Bedürfnis:**

Ihr Hund möchte Distanz zwischen sich und den Auslöser bringen (Sicherheitsbedürfnis).

**Hat ein Hund Angst, ist Schutz bekommen sehr belohnend**

**funktionaler Verstärker:**

Für ruhiges Verhalten und kurzes Aushalten der Situation kann als Belohnung eine Vergrößerung der Distanz zum Auslöser eingesetzt werden, indem Sie mit Ihrem Hund zusammen weggehen.

**Bei Ressourcenverteidigung ist noch mehr Futter oder das Futter behalten die beste Belohnung.**

**Verhalten des Hundes/Situation:**

Ihr Hund hat auf einer Wiese einen Kauknochen von Ihnen bekommen. Ein anderer Hund kommt auf Ihren Hund zu und möchte ihm den Knochen streitig machen. Ihr Hund verhält sich bei Annäherung des fremden Hundes ruhig.

**zugrunde liegende Motivation/Bedürfnis:**

Ihr Hund möchte seinen Knochen (Beute) behalten (Grund-, Sicherheitsbedürfnis)

**funktionaler Verstärker:**

Für dieses beherrschte Verhalten können Sie Ihren Hund am besten damit belohnen, dass Sie Abstand zwischen ihn und den „Konkurrenten" bringen und Ihrem Hund den Knochen lassen.

**Verhalten des Hundes/Situation:**

Ein fremder Mensch möchte Ihren Hund streicheln, daraufhin beginnt Ihr Hund zu knurren. Sie sprechen Ihren Hund mit seinem Namen an und er schaut Sie sofort an.

**zugrunde liegende Motivation/Bedürfnis:**

Ihr Hund fühlt sich in der Nähe des fremden Menschen nicht sicher (Sicherheitsbedürfnis).

**funktionaler Verstärker:**

Als Belohnung eignet sich hier sehr gut die Distanz zum Auslöser. Gehen Sie entweder mit Ihrem Hund zusammen weg oder bitten Sie den Menschen, etwas Abstand zu halten.

**Zu etwas Beängstigendem Distanz schaffen und es aus der Ferne zu beobachten ist ein guter Verstärker.**

**Ist Spiel mit einem anderen Hund nicht möglich, tut es oft auch das Spiel mit dem Menschen.**

**Verhalten des Hundes/Situation:**

Sie sind mit Ihrem Hund auf einem Feldweg unterwegs. Ihnen begegnet ein anderer Hund, zu dem Ihr Hund gerne Kontakt aufnehmen möchte. Ihr Hund nimmt sich zurück und wartet ruhig ab.

**zugrunde liegende Motivation/Bedürfnis:**

Ihr Hund möchte Sozialkontakt mit anderen Hunden haben (soziales Bedürfnis).

**funktionaler Verstärker:**

Dieses ruhige Verhalten können Sie honorieren, indem Sie mit Ihrem Hund spielen. Wenn es die Situation zulässt, können Sie die Distanz zu dem anderen Hund verringern und die Hunde sich gegenseitig beschnuppern lassen.

**Verhalten des Hundes/Situation:**

Im Wald rennt plötzlich ein Reh über den Weg. Ihr Hund möchte hinter dem Reh her hetzen. Sie rufen Ihn und Ihr Hund dreht sofort um.

**zugrunde liegende Motivation/ Bedürfnis:**

Ihr Hund möchte sein Jagdverhalten ausleben (Individualbedürfnis).

**funktionaler Verstärker:**

Spielzeug hetzen als Alternative zum Wild hetzen.

Hier bieten sich als Belohnung entweder ein Hetzspiel an oder das selbstbelohnende Verhalten Reh beobachten.

Etwas mit den Augen beobachten ist eine gute Alternative zum Hüteverhalten.

**Verhalten des Hundes/Situation:**

Auf einem Spaziergang begegnet Ihnen und Ihrem Hund eine Gruppe Reiter, Ihr Hund möchte diese Gruppe hüten. Sie stoppen ihn und er hält an.

**zugrunde liegende Motivation/Bedürfnis:**

Ihr Hund möchte sein Hüteverhalten ausleben (Individualbedürfnis).

**funktionaler Verstärker:**

Als Belohnung für das Stoppen können Sie Ihren Hund das Geschehen mit den Augen verfolgen lassen.

**Diese Auflistung ist noch lange nicht vollständig.**

Machen Sie sich eine Liste von Verhaltensweisen Ihres Hundes und überlegen Sie sich seine dazugehörige Motivation und einen passenden Verstärker.

## Fallgeschichten

Um Ihnen die Wichtigkeit der passenden Belohnungen zu verdeutlichen, hier einige Beispiele aus meinem Trainingsalltag:

### Der zuverlässige Rückruf

Frau Schmidt suchte mich mit Ihrer Hündin Emma auf, um an der Zuverlässigkeit des Rückrufs zu arbeiten. Sie erzählte mir, dass Emma, solange keine Ablenkung vorlag, sofort zurückkam. War Emma jedoch im Stöbermodus oder die Umwelt interessanter als das Frauchen, drang der Rückruf nicht zu ihr durch.

**Mit fliegenden Ohren zu seinem Menschen zurück – mit den richtigen Belohnungen kein Traum.**

Wir machten uns auf die Suche nach passenden Belohnungen für Emma und wurden fündig:

Weil Emma sehr gerne ihre Nase einsetzte, bauten wir mit ihr die Verlorensuche mit einem Futterbeutel auf. Außerdem nutzten wir, dass Emma wahnsinnig gerne durch die Gegend rannte. Als weitere Belohnung nach dem erfolgreichen Rückruf durfte sie einfach wieder rennen oder aber Frau Schmidt machte mit ihr zusammen ein kleines Rennspiel.

Wurde Emma mit Leckerlis belohnt, variierte Frau Schmidt nun auch hier und warf die Leckerlis immer wieder in eine andere Richtung. So konnte Emma ihrem Bewegungsdrang nachgehen.

➔ Nachdem wir diese Belohnungsmöglichkeiten einige Zeit eingesetzt hatten, erreichte Emmas Frauchen eine sehr hohe Rückrufquote – auch unter Ablenkung.

## Begegnung mit anderen Hunden – der Spielehund

Herr Mayer stellte mir seinen Rüden Leo vor, der am liebsten jeden Hund begrüßen wollte. War es aus einem bestimmten Grund nicht möglich, fing Leo an zu winseln und zu bellen, teilweise sprang er sogar in die Leine.

Herr Mayer belohnte Leo bis dahin für ruhiges Verhalten entweder mit Stimmlob oder einem Leckerli. Da Leos Bedürfnisse aber Sozialkontakt und Spiel waren, haben wir drei verschiedene Belohnungsmöglichkeiten für Leo gefunden.

**Sozialkontakt ist nach einer ruhigen Annäherung auch an der Schleppleine möglich.**

Für ruhiges Verhalten an der Leine durfte Leo jetzt entweder der Spur, die der andere Hund gegangen war, nachschnüffeln oder aber er bekam von seinem Herrchen ein Spielzeug, das er tragen und beuteln durfte.

Erlaubte es die Situation, weil die Hundebegegnung beispielsweise auf einer Wiese stattfand, durfte Leo den anderen Hund begrüßen.

Leo freute sich nach einigen Trainingseinheiten immer noch sehr, wenn er einen anderen Hund sah, aber er war bei weitem nicht mehr so aufgeregt. Er orientierte sich gerne zu seinem Menschen um und war gespannt, was passieren würde.

## Begegnungen mit anderen Hunden – der Angsthund

Susi, eine kleine Hündin, lernte ich im Training als sehr ängstlichen und unsicheren Hund kennen, vor allem im Bezug auf andere Hunde. Frau Frei erzählte mir, dass Susi am liebsten immer so weit wie möglich von anderen Hunden entfernt ist, wenn sie ohne Leine läuft. An der Leine jedoch gebärdete sich Susi wie eine kleine Furie und ging regelrecht aggressiv in die Leine.

Ich erklärte Frau Frei, dass Susi mit ihrem Verhalten Abstand zwischen sich und den anderen Hund bringen wollte.

Susis Bedürfnis war es also, Distanz zwischen sich und den anderem Hund zu bringen. Wir begannen mit dem Training und belohnten Susi für ruhiges Verhalten an der Leine mit Distanz zum Auslöser: Wir liefen einen Bogen, wechselten die Seite, warfen Leckerlis weg von dem anderen Hund oder schirmten Susi ab.

**Futter suchen beruhigt und deeskaliert die Situation bei Hundebegegnungen.**

Nach einiger Zeit des Trainings begann Susi von selbst einen kleinen Bogen zu laufen, sobald sie einen anderen Hund erblickte. Das Anbellen von anderen Hunden wurde immer weniger.

## Leinenführigkeit an der Schleppleine

Benno, der Rüde von Herrn Sommer, zog stark an der Schleppleine. Immer wenn Benno zog, blieb Herr Sommer stehen und ging erst weiter, sobald sich die Leine lockerte. Benno machte nach einiger Zeit ein Spiel daraus: ziehen, stehen bleiben, Leine lockern, weiter ziehen.

**In den Wald schauen als Belohnung für
Leinenführigkeit an der Schleppleine.**

Benno hatte einen sehr starken Vorwärtsdrang und war an der Umwelt interessiert. Dies nutzten wir nun als Belohnung. Wir warteten nicht mehr, dass Benno ans Ende der Leine kam, sondern belohnten sein Verhalten schon, wenn die Leine noch locker war.

Als Belohnung durfte Benno einmal seinen Weg weiterlaufen, einmal verstreute Herr Sommer Leckerlis im Gras und schickte Benno dort hin. Das nächste Mal flog ein tolles Spielzeug oder er durfte einfach die Gegend beobachten.

Benno hat gelernt, dass es sich lohnt, im Leinenradius zu bleiben.

Gelangte Benno doch ans Ende der Leine, blieb Herr Sommer stehen und holte Benno zu sich zurück. Dann ging er erneut los und belohnte sofort, wenn Benno an lockerer Leine lief.

# Noch Fragen?

### Hört mein Hund nicht nur, wenn er das Leckerli sieht?

**Alma wartet gespannt, was Frauchen als Nächstes aus der Lostrommel zieht**

Wenn Hunde ein neues Signal lernen, speichern sie ein Bild davon in ihrem Gedächtnis ab. Bringe ich meinem Hund beispielsweise das Signal Sitz bei, indem ich ihm ein Leckerli vor die Nase halte, und warte, bis er sich hinsetzt, um es ihm zu geben, speichert der Hund das Bild von dem Signal „Sitz" genauso ab.

Vom Status des Lockens sollte deshalb sehr zügig weggekommen werden. Ziel ist, dass der Hund das Verhalten ohne Leckerli zeigt. Dies ist durch Einführung eines Hör- oder Sichtzeichens leicht möglich.

### Werde ich nicht zum Futterautomaten?

Viele Menschen denken, wenn sie Ihren Hund belohnen, müssen Sie mit einem Rucksack voller Futter durch die Gegend rennen. Doch das ist keineswegs so!

Training über positive Verstärkung heißt nicht nur zu belohnen, sondern auch kreativ in der Belohnungsart zu sein. Wie im Kapitel „Die Belohnungslostrommel" beschrieben, sind Belohnungen nicht nur Leckerlis, sondern auch Spiel- und Alltagsbelohnungen.

**Ein Belohnungshighlight von Balu: Rennen mit Elena**

## Lenke ich meinen Hund nicht nur ab?

Ablenken bedeutet, dass ich meinen Hund – sobald ich als Mensch einen Auslöser wahrnehme – mit Futter oder Spielzeug solange ablenke, bis der Auslöser wieder weg ist.

Hier muss unterschieden werden:

Findet die Ablenkung immer statt oder wird sie als kurzfristige Management-maßnahme verwendet.

**Als Managementmaßnahme ist Futtersuchen in der Wiese hilfreich.**

Management ist nötig, wenn Situationen für den Hund noch zu schwierig sind, sich aber das unerwünschte Verhalten nicht festigen soll. Der Trainingsstand sollte aber nach und nach weiterentwickelt werden, sodass der Hund auch in auslösenden Situationen aktiv nachdenken kann.

## Warum nimmt mein Hund in manchen Situationen kein Futter an?

Nimmt ein Hund, der sich sonst über ein Leckerli freut, in einer bestimmten Situation kein Leckerli an, ist das für den Menschen ein Zeichen. Möchte ein Hund nichts fressen, gibt es verschiedene Ursachen:

**Nicht jeder Hund findet Futter als Belohnung immer passend.**

1. Der Abstand zum Auslöser ist zu gering, der Hund hat Stress und ist überfordert.
2. Die Wertigkeit des angebotenen Futters ist zu gering.
3. Der Hund ist krank.

Ist Krankheit ausgeschlossen, lassen Sie sich einfach mehr Zeit und nehmen größeren Abstand zum Auslöser.

## Warum ist es gerade bei Aggressionsverhalten so wichtig zu belohnen?

Vor allem, wenn es um das Thema Aggressionsverhalten geht, darf nie mit Bestrafung gearbeitet werden. Jedem aggressiven Verhalten liegt eine bestimmte Motivation zu Grunde, meistens sind es Angst (Unversehrtheit des Körpers, Verlieren einer Ressource), Wut oder Frustration. Ein Hund reagiert aggressiv, weil es für ihn in dieser Situation logisch erscheint und er sein Bedürfnis damit wahrscheinlich befriedigen kann.

**Caruso lernt mit Hilfe der Futtertube,
dass Jogger positiv sind**

Wird hier mit Strafe gearbeitet, werden die Emotionen weiter ins Negative getrieben und an der Ursache des Verhaltens ändert sich nichts.

## Kann ich meinem Hund durch positive Verstärkung Grenzen setzen?

Jedes Lebewesen erfährt in seinem Leben Grenzen, das ist ein natürlicher und auch notwendiger Vorgang, um sich an die Umwelt optimal anzupassen.

Wenn einem Hund Grenzen gesetzt werden, dann wird ihm aufgezeigt, was er nicht zu tun hat. Mit anderen Worten bedeutet Grenzen setzen unerwünschte Verhaltensweisen zu unterbinden und durch erwünschte zu ersetzen.

**Am Anfang kratzte Sheila an der Hand, um
das Leckerli zu bekommen – nun hat sie
gelernt, Abstand zu halten.**

Die Frage ist nur, wie diese Grenzen dem Hund beigebracht werden können. Wird er für Verhaltensweisen bestraft, die er überhaupt nicht als falsch anerkennt, oder wird ihm gezeigt, was er tun soll?

Grenzen sind nichts anderes als Familienregeln, die dem Hund gezeigt werden müssen. Was soll er tun, was lohnt sich für ihn. Der Schwerpunkt beim Training über positive Verstärkung wird auf das erwünschte Verhalten des Hundes gerichtet, deswegen ist es auch beim Thema Grenzen setzen sehr einfach, den Hund zu belohnen. Zeigen Sie ihm gleich, was er in einer bestimmten Situation tun soll und belohnen Sie dies. Wird das kontinuierlich eingehalten, lernt Ihr Hund eine Grenze kennen.

## Muss ich meinen Hund immer belohnen oder kann ich irgendwann damit aufhören?

Um diese Frage zu klären, sollte zuerst geklärt werden, was beim Hund passiert, wenn er auf einmal keine Belohnung mehr erhält.

Wird ein Verhalten nicht mehr verstärkt, ist die Wahrscheinlichkeit, dass es weiterhin gezeigt wird, sehr gering. Dieses Verhalten lohnt sich nicht mehr und bringt dem Hund keinen nennenswerten Erfolg. In freier Wildbahn wäre das eine Verschwendung von Energie und Zeit.

Möchten wir also, dass ein Hund ein bestimmtes Verhalten immer wieder zeigt, müssen wir dieses Verhalten verstärken (egal ob mit Belohnung oder Strafe gearbeitet wird).

Es ist sicherlich nicht von Vorteil, wenn wir jetzt jedes Verhalten unseres Hundes nur noch mit einer bestimmten Belohnung verstärken. Dann wären wir hier zu abhängig und unser Hund sehr schnell gefrustet, wenn es die gewohnte Belohnung nicht gibt.

**An einem Baum hochspringen macht vielen Hunden Spaß und kann gut als Belohnung eingesetzt werden.**

Ich empfehle jedes gut ausgeführte Verhalten meines Hundes zu belohnen, jedoch nicht immer mit der hochwertigsten Belohnung, sondern bunt gemischt (siehe „Die Belohnungslostrommel).

# Service

## Nützliche Adressen:

VitaCanis – Alltagstraining und Problembewältigung für Mensch und Hund

Einzeltraining, Seminare und Trainingswochen

www.vitacanis.net

## Zum Weiterlesen:

Blog der Hundeschule – blog.vitacanis.net

Die Welt in seinem Kopf – Dorothee Schneider/Animal Learn Verlag, Bernau/2005

Verstärker verstehen – Viviane Theby/Kynos Verlag Dr. Dieter Fleig GmbH, Nerdlen/Danun/2011

Hunde sind anders - Jean Donaldson/Franck-Kosmos Verlags-GmbH & Co. KG, Stuttgart/2000, 2009

Hundeverstand – John Bradshaw/Kynos Verlag Dr. Dieter Fleig GmbH, Nerdlen/Danun/2012

# Literatur- und Quellenangaben

Die Welt in seinem Kopf - Dorothee Schneider/Animal Learn Verlag, Bernau/2005
Theby,

Verstärker verstehen – Viviane Theby/Kynos Verlag Dr. Dieter Fleig GmbH, Nerdlen/Danun/2011

Blaschke-Berthold, Ute „Ausbildung, Vorträge und Seminare", 2009 – 2011

# Bildnachweis

Alle Bilder innerhalb dieses Buches stammen von:

Sabrina Reichel, www.vitacanis.net

Stephan Eckert, www.fit4performance.de

Meike Böhm, www.ci-photodesign.de

# Danke

Für den fachlichen Austausch danke ich Carolin Schmitt und Bettina Haas.

Für das Korrekturlesen danke ich Karin Reichel, Thomas Neubauer, Petra Neubauer und Robert Neubauer.

Außerdem danke ich allen Kunden und deren Hunden, mit denen ich in den letzten Jahren zusammenarbeiten und trainieren durfte, für die vielen Dinge, die sie mir beigebracht haben.

# Vorstellung der Modells

**Heike mit Hilde (Labradoodle)**

**Lisa mit Alma (Labradoodle)**

**Nicole mit Barni (Koojkerhoondje)**

**Sabine mit Caruso
(Herdenschutzhundmix)**

**Kathrin mit Pipo
(Hütehundmix)**

**Sabrina mit Sheila und Lenni
(Australian Shepherd und
Herdenschutzhund-Schäferhundmix)**

**Elena mit Balu (Großpudel)**